AF316370

# OBSERVATIONS

DU

## GÉNÉRAL DU GÉNIE VINCENT

SUR

LES DEUX PREMIÈRES NOTES RAPPORTÉES DANS UNE COLLECTION DE MÉMOIRES
POUR SERVIR A L'HISTOIRE DE FRANCE SOUS NAPOLÉON,

ET

RÉFUTATION DE CES DEUX PREMIÈRES NOTES RELATIVES A L'OUVRAGE INTITULÉ : MÉMOIRE POUR SERVIR
A L'HISTOIRE DE LA RÉVOLUTION DE SAINT-DOMINGUE, PAR LE GÉNÉRAL PAMPHILE-LACROIX.

A PARIS,

CHEZ PÉLICIER, LIBRAIRE, PLACE DU PALAIS-ROYAL, N° 243.

DE L'IMPRIMERIE DE DIDOT LE JEUNE.

1824.

La retraite absolue à laquelle s'est déterminé mon père, à la suite d'une vie extrêmement agitée, ayant laissé à ma disposition différens matériaux rassemblés pendant cinquante années de service actif, tant en France qu'en Amérique, en Espagne, en Portugal et en Italie, je me fais un devoir d'extraire et de publier les observations suivantes, qui peuvent avoir un objet d'utilité générale, en même temps qu'elles éclaireront l'opinion publique sur le caractère de leur auteur.

CHARLES VINCENT,

capitaine-commandant aux chasseurs
à cheval de la Corrèze.

Passy, février 1824.

# OBSERVATIONS

DU

# GÉNÉRAL DU GÉNIE VINCENT

SUR

LES DEUX PREMIÈRES NOTES RAPPORTÉES DANS UNE COLLECTION DE MÉMOIRES<br>POUR SERVIR A L'HISTOIRE DE FRANCE SOUS NAPOLÉON.

« Depuis sept ans on a beaucoup écrit sur Napoléon. Chacun a voulu dire ce qu'il
« savait ; beaucoup ont dit ce qu'ils ne savaient pas. »

Ces paroles, empruntées à l'avertissement qui précède une collection de mémoires
pour servir à l'histoire de France sous Napoléon, pourraient être appliquées avec une
égale justesse aux assertions consignées dans deux notes de ces mémoires concer-
nant l'ouvrage de M. le général Pamphile-Lacroix sur la révolution de Saint-Domingue.

Le nom imposant de Napoléon, car c'est à Napoléon lui-même que les rédacteurs
ont attribué des assertions dont il a mieux que personne connu l'inexactitude, ne
saurait mettre à l'abri d'un sévère examen des notes où l'on voit traiter avec autant
d'ignorance que de légéreté des questions auxquelles se rattachent tant et de si grands
intérêts. Mais peut-être, avant de commencer cet examen, ne sera-t-il pas inutile de
fixer l'opinion des lecteurs sur le principe des désastreux événemens qui ont désolé
Saint-Domingue et fait gémir l'humanité tout entière.

Dès les premiers momens de la révolution française, quiconque était instruit du
véritable état des choses dans la partie de Saint-Domingue que nous possédions
alors prévit avec effroi l'influence qu'aurait sur la colonie l'exemple de la métropole.

Et en effet, quand les mots de *liberté* et d'*égalité*, prononcés sans mesure, rem-
plissaient d'une exaltation sanguinaire un peuple dont la situation politique, malgré
de frappans abus, méritait encore d'être enviée par plus d'une nation, quels excès
ne devait-on pas attendre de cinq cent mille noirs et rouges assujettis au plus rude
esclavage, et de trente mille affranchis, hommes de couleur, retenus, quoique
libres, dans la condition la plus abjecte par quarante mille blancs vivant au
milieu de toutes les jouissances qu'ils ne devaient qu'aux travaux plus qu'humains

des neuf dixièmes de la population, dite généralement *de couleur !* Il était dès-lors évident que, si la position sociale des individus ne recevait point immédiatement à Saint-Domingue de notables et bienfaisantes modifications, bientôt la question, acquérant une effrayante simplicité, se réduirait à savoir qui resterait maitre d'un sol qu'occupaient à des titres si différens trois classes d'hommes dont chaque jour voyait s'accroitre la mutuelle inimitié.

Cette idée fut le principe unique des désordres qui coûtèrent à la France la plus riche de ses possessions coloniales.

Les affranchis, doués de plus de lumières que les esclaves, et plus difficiles à contenir, ayant pour la plupart des propriétés territoriales, manifestèrent les premiers des dispositions alarmantes. Ils payaient d'une haine profonde le dédain imprudent que les blancs leur témoignaient. Aussi l'opinion des plus sages d'entre ces derniers fut que le seul moyen de préserver la colonie des malheurs qui la menaçaient, et la caste blanche d'une expulsion infaillible, était de déporter tous les affranchis, et particulièrement les mulâtres.

Les prétentions de ceux-ci ne tardèrent point à prendre les caractères les moins équivoques de la rébellion. Elles entraînèrent d'abord des luttes sanglantes, mais non définitives. Pour atteindre plus sûrement leur but, les affranchis résolurent de s'aider du concours des esclaves. Le feu de la révolte embrasa subitement cette masse irrésistible, et la population blanche dut disparaitre de Saint-Domingue.

Les affranchis ne perdirent point un moment pour recueillir le fruit de leurs efforts. Dévorés de la soif du pouvoir et des richesses, ils se montrèrent ouvertement disposés à se substituer en tout point aux vaincus, et à maintenir l'esclavage.

Tel fut le projet des hommes de couleur dans le nord de l'île lorsque le général Vilate, commandant au Cap, fit jeter dans un cachot de la petite anse les deux administrateurs en chef, Laveaux et Perroud, dont le seul tort à ses yeux était de favoriser trop les nouveaux libres. Dans le sud, et même dans l'ouest, André Rigaud et les hommes de sa classe, sur lesquels il exerça long-temps un pouvoir absolu, ne gardaient guère plus de ménagemens.

Les noirs comprirent alors quel sort leur était réservé, et dans quel intérêt avait coulé leur sang. Tous frémirent à la pensée de porter de nouveaux fers. Le joug des affranchis leur parut plus flétrissant encore et plus intolérable que celui des blancs (*). Mais peut-être étaient-ils condamnés à le subir, si, comme il arrive fréquemment dans les grandes crises politiques, deux hommes vraiment dignes de la liberté, jaillissant du sein d'une foule abrutie, n'eussent point entrepris de consacrer des droits

(*) Il était notoire que les nègres étaient bien plus inhumainement traités par le petit nombre d'affranchis, qui en avaient quelques-uns en propriété, que par les blancs de toutes les classes, qui possédaient les cinq sixièmes de la population esclave.

si scandaleusement méconnus par ceux-là mêmes qui avaient le plus de motifs pour les respecter.

C'était Toussaint-L'Ouverture et Christophe-Henri. Leur intelligence et leur activité surnaturelles les avaient fait élire chefs des nouveaux libres, et firent complètement échouer les projets des affranchis.

Telle était la situation des choses et des esprits à Saint-Domingue, lorsqu'en 1796 le directoire crut devoir y envoyer pour la seconde fois le commissaire Santhonax, qui, lors d'une première mission dans ce pays, avait fait proclamer la liberté générale.

C'est à cette époque à peu près que commencent les notes publiées dans les *Mémoires pour servir à l'histoire de France sous Napoléon*, notes que l'on annonce avoir été dictées par lui-même, et que l'on se propose d'examiner ici, en plaçant le texte en regard des observations auxquelles elles ont paru devoir donner lieu.

## NOTE I" (vol. 1", chap. 10).        RÉFUTATION.

( C'est dans ce chapitre que commence le récit des événemens qui ont eu lieu à Saint-Domingue. )

Depuis le 18 brumaire ( 1799 ), Toussaint-L'Ouverture, général de division, commandant en chef la partie du nord de Saint-Domingue, avait méconnu l'autorité du général Hédouville, commissaire du directoire-exécutif. Il traitait en sa présence directement et secrètement avec les Anglais, et couvrait ce représentant de la métropole de tant d'outrages, qu'il l'avait obligé de retourner en France. Mais le général Hédouville, inquiet sur les vues de Toussaint-L'Ouverture, donna, avant d'abandonner la colonie, des pouvoirs indépendans de ce chef de noirs au général Rigaud, chef des hommes de couleur, et lui confia l'autorité sur toute la partie du sud de Saint-Domingue, qui se trouva ainsi divisée en deux : le nord, sous Toussaint, où dominaient les noirs; le sud, sous Rigaud, où dominaient les hommes de couleur. Une guerre civile effroyable ne tarda pas à éclater entre les deux partis : le directoire parut y souscrire, et mettre dans sa durée la garantie des droits de la métropole. Cette guerre était dans toute sa force au commencement de 1800.

La première question dont eut à s'occuper le premier consul en arrivant au gouvernement fut de savoir s'il convenait aux intérêts de la métropole de nourrir et alimenter cette guerre civile, ou s'il fallait la faire cesser. Après de mûres réflexions, mais sans hésitation, il se décida pour ce dernier parti.

1° Parce qu'une politique fallacieuse ayant pour but d'entretenir la guerre civile était indigne de la grandeur et de la générosité de la nation, et finirait par indisposer également les deux partis contre la métropole.

2° Parce que les guerres civiles, au lieu d'affaiblir, retrempent et aguerrissent les peuples; et lorsque le moment serait arrivé de rétablir l'autorité de la métropole, on aurait eu affaire à des hommes plus redoutables.

3° Parce que, si cette guerre civile continuait, les habitans perdraient toute espèce d'habitude du travail, et la colonie le peu qui lui restait de son ancienne prospérité. Ainsi la morale et la politique étaient ici d'accord pour arrêter au préalable l'effusion du sang français. Mais quel moyen fallait-il employer?

Le directoire avait tenté d'établir le *statu quo* entre les deux partis. Les passions qui animaient les noirs et les hommes de couleur étaient trop violentes pour être contenues lorsque la métropole n'avait aucun moyen de répression. Les hommes de couleur étaient sans doute plus braves, plus aguerris que les noirs; mais ils étaient si inférieurs en nombre, qu'il était facile de prévoir l'époque où ils succomberaient. Le triomphe des noirs aurait été marqué par l'égorgement et la destruction totale des hommes de couleur, *perte irréparable pour la métropole, qui ne pouvait espérer de rétablir son autorité qu'en se servant de l'influence de ceux-ci contre les noirs.*

Le premier consul résolut donc d'appuyer le plus fort, de retirer le pouvoir au général Rigaud, de le rappeler en France, de désarmer les hommes de couleur, d'étendre les pouvoirs de Toussaint sur toute la colonie, de le nommer général en chef de Saint-Domingue, et de donner toute sa confiance aux noirs.

Le colonel Vincent, directeur des fortifications de Saint-Domingue, était fort avant dans la confiance de Toussaint, dont il était le chargé d'affaires : il se trouvait alors à Paris.

Le colonel Vincent, directeur-général des fortifications des Iles-Sous-le-Vent, cité dans cette note, avait été nommé par le directoire ministre plénipotentiaire aux États-Unis à la

Le premier consul le fit appeler, lui fit connaître sa partialité pour les noirs, sa confiance entière dans le caractère de Toussaint, et le renvoya dans la colonie, porteur, 1° du décret qui nommait Toussaint général en chef de Saint-Domingue, 2° de la constitution de l'an VIII, 3° d'une proclamation aux noirs, où il leur disait : *Braves noirs, souvenez-vous que la France seule reconnaît votre liberté.* Il adjoignit au colonel Vincent deux autres commissaires. Cette commission fut chargée de prendre toutes les mesures nécessaires pour rétablir le calme et faire cesser les hostilités. Cette sage politique eut les plus heureux effets. Rigaud repassa en France, les hommes de couleur posèrent les armes, l'autorité des noirs fut reconnue sans contradiction dans la colonie ; ils se livrèrent à l'agriculture, la colonie parut un moment renaître de ses cendres ; les blancs furent protégés ; les hommes de couleur même, garantis par l'influence morale de la métropole, respirèrent, et se remirent des pertes qu'ils avaient faites. Les années 1800 et 1801 furent deux années de prospérité pour la colonie ; l'agriculture, le commerce, les lois refleurirent sous le gouvernement de Toussaint ; l'autorité de la métropole fut reconnue et respectée (au moins en apparence). Toussaint-L'Ouverture rendait compte tous les mois au ministre de la marine.

Cependant les vraies dispositions des chefs des noirs ne pouvaient pas échapper au gouvernement français. Toussaint continuait à avoir des intelligences secrètes à la Jamaïque et à Londres ; il se permettait dans son administration des irrégularités qui ne pouvaient pas être attribuées à l'ignorance ; il avait constamment éludé l'ordre réitéré de faire écrire en lettres d'or sur les drapeaux ces termes de la proclamation du premier consul : *Braves noirs, souvenez-vous que la France seule reconnaît votre liberté.*

Lorsque l'amiral Gantheaume appareilla de Brest, au commencement de 1801, avec une division de troupes sous les ordres du général Sahuguet, il embarqua à son bord un bon nombre de noirs, d'hommes de couleur et de créoles destinés pour Saint-Domingue. Tous-



fin de 1795, nomination qui fut agréable au président actuel Monroë, alors ministre des États-Unis en France. Il refusa cette mission, désirant retourner à Saint-Domingue, où il croyait pouvoir servir utilement, à raison du grand nombre d'amis qu'il comptait dans cette colonie.

Il y fut témoin du départ forcé du commissaire Santhonax, et connut pour la première fois, dans cette circonstance, le général Toussaint, qui, de concert avec le commissaire national Raymond, lui ordonna d'aller rendre compte en France de la situation de l'île. Les instructions du général se bornèrent à ces paroles remarquables :

*Colonel, la confiance du citoyen Raymond vous assure la mienne. Vous aimez bien la colonie, mais vous aimez encore plus la France. Allez, et dites ce que vous savez.*

Le colonel, à son arrivée à Paris, n'eut jamais qu'un objet, l'intérêt de la colonie. Il eut de fréquens rapports avec les premières autorités, et particulièrement avec le général Hédouville, qui était au moment de partir en qualité d'agent national. Il donna à ce chef respectable les notions les plus étendues sur Saint-Domingue, et insista sur la nécessité de se concilier le premier chef noir, le fameux et trop fameux Toussaint.

Cependant les colons habitans de la métropole, très-ignorans du véritable état de la colonie, et ne pouvant concevoir son existence qu'autant que l'esclavage y serait maintenu, servaient en France de tous leurs moyens la classe des affranchis, et trouvaient le premier consul disposé à les favoriser *dans l'espoir qu'on pourrait réunir leurs forces à celles des blancs pour rétablir l'esclavage,* ainsi qu'il prend soin lui-même de nous en instruire. La mission du général Hédouville n'eut point, dans le fond, d'autre objet ; et cet objet ne pouvait échapper à Toussaint, qui, très-bien informé d'ailleurs de ce qui se passait en France, acheva d'être éclairé sur la politique fallacieuse du premier consul par la conduite trop peu mesurée de son délégué. Il est vrai que cette politique est autrement expliquée dans la note. Mais, par une singulière et bien

saint en parut vivement inquiet. L'on sut que dès-lors il avait résolu de refuser l'entrée aux troupes françaises, si elles étaient au-dessus de deux mille hommes, et d'incendier le cap, si l'armée de Sahuguet était assez forte pour qu'il ne pût pas défendre la ville. Mais l'amiral Gantheaume donna dans la Méditerranée : il était destiné pour l'Égypte.

La situation prospère où se trouvait la république dans le commencement de 1801, après la paix de Lunéville, faisait déjà prévoir le moment où l'Angleterre serait obligée de poser les armes, où l'on serait maître d'adopter un parti définitif sur Saint-Domingue. Il s'en présenta deux alors aux méditations du premier consul. Le premier, de revêtir de l'autorité civile et militaire et du titre de gouverneur-général Toussaint-L'Ouverture, de confier les commandemens aux généraux noirs, de consolider, de légaliser l'ordre de travail établi par Toussaint, qui déjà était couronné par d'heureux succès; d'obliger les fermiers noirs à payer un cens, ou redevance, aux anciens propriétaires français; de conserver à la métropole le commerce exclusif de toute la colonie en faisant surveiller les côtes par de nombreuses croisières. Le second parti consistait à conquérir la colonie par la force des armes, à rappeler tous les noirs qui avaient occupé des grades supérieurs à ceux de chef de bataillon, à désarmer les noirs en leur assurant la liberté civile, et en restituant les propriétés aux colons. Ces projets avaient chacun des avantages et des inconvéniens. Les avantages du premier étaient palpables. La république aurait une armée de vint-cinq à trente mille noirs qui ferait trembler toute l'Amérique, ce serait un nouvel élément de puissance qui ne lui coûterait aucun sacrifice ni en hommes ni en argent. Les anciens propriétaires perdraient sans doute les trois quarts de leur fortune; mais le commerce français n'y perdrait rien, puisqu'il jouirait toujours du commerce exclusif. Le deuxième projet était plus avantageux aux propriétaires colons; il était plus conforme à la justice; mais il exigeait une guerre qui entraînerait la perte de beaucoup d'hommes et d'argent. Les prétentions contraires des noirs, des



maladroite contradiction, les rédacteurs, après avoir affirmé que le premier consul n'avait jamais eu la pensée d'entretenir la guerre civile à Saint-Domingue, lui prêtent cependant cette opinion que *la métropole ne pouvait espérer de rétablir son autorité qu'en se servant de l'influence des hommes de couleur contre les noirs.* Le premier consul songeait donc toujours à opprimer les noirs. En fallait-il davantage pour exciter toute la défiance et tout le ressentiment de leur chef ?

Le colonel Vincent se croyait dispensé de renouveler ses pénibles voyages dans le pays le plus souffrant de la république, lorsqu'au commencement de 1798, il lui fut enjoint de retourner pour la quatrième fois à Saint-Domingue. Il y retrouva le général Hédouville en opposition ouverte avec Toussaint, dont le pouvoir était sans bornes. Il lui manifesta des craintes que l'événement ne tarda pas à justifier. Le général fut contraint de quitter la colonie.

Le commissaire Roume, venu de Saint-Domingue au Cap, sur la demande de Toussaint, ne fut pas plus tôt réuni à ce dernier, que le départ pour la France du colonel Vincent fut résolu de nouveau.

Voici encore le colonel expédié dans l'intérêt seul de sa patrie et de Saint-Domingue par l'agent et le général Toussaint, qui ne pouvait avoir qu'une affaire en France, celle d'assurer la liberté de ses frères ; le premier consul ne pouvait lui en supposer d'autre, et le colonel n'avait rien négligé pour lever tous ses doutes à cet égard.

Un des premiers arrêtés du premier consul, en sa nouvelle qualité, fut celui du 15 décembre 1799, ordonnant le départ du colonel Vincent et de deux collègues pour aller porter à Saint-Domingue la proclamation du même jour.

Ce cinquième voyage plaçait le colonel dans une position d'autant plus difficile, qu'il n'ignorait pas (malgré ce qui est dit dans la note) combien les opinions du premier consul étaient en opposition avec celles du chef des nouveaux libres, que le premier consul n'avait pas même

hommes de couleur, des propriétaires blancs,
seraient toujours un objet de discorde, d'embarras
pour la métropole ; Saint-Domingue
serait toujours sur un volcan. Aussi le premier
consul inclinait pour le premier parti, parce
que c'était celui que paraissait lui conseiller
la politique, celui qui donnerait le plus d'influence
à son pavillon dans l'Amérique. Que
ne pouvait-il pas entreprendre avec une armée
de vingt-cinq à trente mille noirs sur la Jamaïque,
les Antilles, le Canada, sur les États-Unis,
même sur les colonies espagnoles ? Pouvait-on
mettre en compensation de si grands
intérêts politiques avec quelques millions de
plus ou de moins qui rentreraient en France ?
Mais un pareil projet avait besoin du concours
des noirs ; il fallait qu'ils montrassent de la
fidélité à la mère-patrie et à la république
qui leur avait fait tant de bien. Les enfans des
chefs noirs, élevés en France dans les écoles
coloniales établies à cet effet, resserraient tous
les jours davantage les liens de ces insulaires
avec la métropole.



l'art de ménager dans ses discours (*). Mais
comment refuser une des premières missions
donnée par l'homme devant lequel tout fléchissait,
et qui paraissait à tous pouvoir seul sauver
la France à la terrible époque de son élévation
au premier consulat ? Le colonel savait
aussi que le fond des instructions pourrait
tranquilliser le chef des nouveaux libres, auquel
il portait le brevet de général en chef. Il
osa donc entrevoir quelque heureux résultat
de sa mission ; il crut même pouvoir obtenir
de faire inscrire en lettres d'or sur les drapeaux
de la garde nationale, ainsi que le prescrivait
la proclamation, ces paroles remarquables :
*Braves noirs, souvenez-vous que la France
seule reconnaît la liberté et l'égalité de vos
droits.* Mais Toussaint répondit toujours par
ce puissant raisonnement aux demandes du
colonel : *Ce n'est pas une liberté de circonstance,
concédée à nous seuls, que nous voulons ;
c'est l'adoption absolue du principe
que tout homme né rouge, noir ou blanc, ne
peut être la propriété de son semblable. Nous
sommes libres aujourd'hui parce que nous
sommes les plus forts. Le consul maintient
l'esclavage à la Martinique et à Bourbon :
nous serons aussi esclaves quand il sera le
plus fort.*

Le colonel, que l'auteur qualifie de chargé
d'affaires de Toussaint, et représente comme
investi de toute la confiance d'un homme qui
ne l'accorda jamais à personne, fut néanmoins
arrêté par les ordres de ce même Toussaint
avant d'entrer au Cap. Il fut dépouillé, conduit
dans les montagnes du Cap par les noirs,
eut tous ses papiers enlevés, et fut jeté dans
un cachot, où il resta deux jours.

A peine relevé d'une maladie d'épuisement,
il se rendit seul entre les deux armées opposées
dans le quartier-général des hommes de couleur,
pour leur notifier les ordres du premier

(*) Le sénat s'étant rendu chez le premier consul pour
le complimenter, après la paix d'Amiens, le premier
consul dit publiquement que *la paix étendrait incessamment
ses bienfaits sur tout le sol de la France ; qu'il
serait cependant obligé d'envoyer quelques troupes expéditionnaires
contre un chef de brigands ; mais que ses
éclaireurs en auraient bientôt fait raison.*

consul, appuyés par les dispositions militaires du chef des noirs. Rigaud et ses principaux adhérens se décidèrent à quitter la colonie le 3o juillet 1800; mais ils cédèrent uniquement à la grande supériorité des armes de Tou -aint, et les ordres du premier consul ne purent rien sur ce dernier, pas plus que sur son rival.

C'est à partir de ce jour, et à la suite des fatigues et dangers de tout genre éprouvés par le colonel, que la colonie, remise en entier sous les ordres du commissaire Roume, a joui de tous les premiers avantages si bien décrits dans la page 189 des notes. Mais l'on peut juger à qui ces avantages étaient dus; ce n'était certainement pas à la fallacieuse proclamation du premier consul; et puisque enfin on avait reconnu ces avantages, pourquoi n'avoir pas cherché à les maintenir? pourquoi avoir changé de système à l'égard de Toussaint, qui protégea également toutes les couleurs dès que la guerre de couleur fut terminée? pourquoi surtout avoir hésité entre deux partis, dont l'un maintenait tout, et dont l'autre, que Toussaint savait trop être dans les vues du premier consul, sollicité par les colons et les affranchis, lui dicta sa coupable constitution, et le força à une défense qui devait dévorer les armées que l'on enverrait pour les réduire et anéantir les dernières espérances des colons, qui n'auraient certainement pas pu vivre dans le nouvel ordre de choses projeté? pourquoi enfin n'avoir jamais fait pressentir Toussaint sur un projet que l'on prétend avoir été conçu, et que l'on démontre devoir convenir à la France? Nul doute que Toussaint ne l'eût adopté. Mais on n'a jamais voulu traiter: il fallait tout obtenir par la force...... N'était-il pas au moins chimérique de croire qu'on ne pouvait fonder un arrangement solide et tout avantageux à la France sur la reconnaissance que les noirs devraient aux bienfaits de la mère-patrie, à laquelle ils avaient arraché de force leur liberté, sans leur donner une garantie que l'esclavage ne serait pas un jour rétabli à Saint-Domingue, ainsi qu'il l'avait été à la Guadeloupe. Mais non, on ne saurait trop le répéter, le premier consul n'a jamais voulu traiter avec les noirs; il a pris soin

Tel était l'état de Saint-Domingue et la politique adoptée par le gouvernement français à cet égard lorsque le colonel Vincent arriva à Paris. Il était porteur de la constitution qu'avait adoptée de sa pleine autorité Toussaint-L'Ouverture, qui l'avait fait imprimer et mise à exécution, et qu'il notifiait à la France.

Non-seulement l'autorité, mais l'honneur et la dignité de la république étaient outragées. De toutes les manières de proclamer son indépendance et d'arborer le drapeau de la rébellion, Toussaint-L'Ouverture avait choisi la plus outrageante, celle que la métropole pouvait le moins tolérer. Dès ce moment il n'y eut plus à délibérer; les chefs des noirs furent des Africains ingrats et rebelles avec lesquels il était impossible d'établir aucun système. L'honneur, comme l'intérêt de la France, voulait qu'on les fit rentrer dans le néant. Ainsi la ruine de Toussaint-L'Ouverture, les malheurs qui pesèrent sur les noirs furent l'effet de cette démarche insensée, inspirée sans doute par les agens de l'Angleterre, qui déjà avait pressenti tout le mal qu'éprouverait sa puisssance, si les noirs se contenaient dans la ligne de modération et de soumission, et s'attachaient à la mère-patrie. Il suffit, pour se faire une idée de l'indignation que dut éprouver le premier consul, de dire que Toussaint non-seulement s'attribuait l'autorité sur la colonie pendant sa vie, mais qu'il s'investissait du droit de nommer son successeur, et voulut tenir son autorité non de la métropole, mais de lui-même, et d'une soi-disante assemblée coloniale qu'il avait créée; et comme Toussaint était le plus modéré des généraux noirs, et que Dessalines, Christophe et Clervaux étaient plus exagérés, plus désaffectionnés et plus opposés encore à l'autorité de la métropole, il n'y eut plus à délibérer. Le premier parti n'était plus



lui-même de nous en instruire dans sa première note, en disant, *qu'il ne pouvait espérer de rétablir son autorité qu'en se servant de l'influence des hommes de couleur contre les noirs;* système qu'il a constamment caressé, et qui a donné la colonie aux hommes de couleur, dont il a eu le temps d'apprécier la reconnaissance.

Le colonel Vincent, qui avait été envoyé à Toussaint par le premier consul, le colonel Vincent, que Toussaint estimait, mais qu'il ne voulait pas si près de lui, fut encore désigné, après plus d'un an de séjour dans la colonie, pour apporter au premier consul de nouvelles dépêches parmi lesquelles se trouvait le fameux acte constitutionnel. Le colonel s'était hautement prononcé avant son départ de Saint-Domingue contre ce qu'il avait connu de cet acte. Dès son arrivée à Paris, tous ses efforts eurent pour but de prévenir une guerre d'extermination. On peut voir dans les notes son rapport sur l'état de la colonie remis au gouvernement. Il voyait tous les matins, et avant le jour, le ministre de la marine en décembre 1801. Il passait ensuite chez le général Leclerc, et fournissait journellement à l'un et à l'autre les renseignemens les plus positifs. Le premier consul lui-même le fit venir à la Malmaison, où s'éleva une très-vive et très-longue discussion. Le colonel ne cessa de soutenir que l'envoi d'une armée perdrait la colonie. Il n'entendit jamais parler avec plus de sagesse et de lumière de Saint-Domingue; mais, quand le fougueux génie du premier consul, trop autorisé à croire qu'aucune difficulté n'était insurmontable, s'appliquait à traiter des moyens à employer pour tout soumettre à sa volonté, toute idée qui contrariait ses vues l'irritait; tout lui semblait possible, et il ne pouvait être retenu ni par les saisons ni par les climats.

C'est ainsi que, dans son indignation contre les pavillons anglais et américains, qui protégeaient les révoltés, il annonçait l'inconcevable projet d'avoir à Saint-Domingue une armée noire de vingt-cinq à trente mille hommes, qui, selon lui, auraient fait trembler l'Angleterre et les États-Unis, sans faire attention avant tout que, pour soutenir une pareille ar-

praticable; il fallut se résoudre à adopter le deuxième, et à faire le sacrifice qu'il exigeait.



mée et en tirer quelque avantage, il aurait fallu avoir une marine, et même la mer libre.

C'est ainsi que, pour soumettre les noirs qui occupaient le fameux morne, dit *morne du Cap*, il parlait de l'entourer d'une forte muraille de plusieurs lieues de largeur, rêve absolument impraticable sous le feu des révoltés.

C'est ainsi enfin que le colonel, combattant toujours l'idée de faire passer une armée à Saint-Domingue, qu'il disait avoir tout à craindre de la part des Anglais, entendit le premier consul lui répondre avec toute confiance : *L'Angleterre a voulu faire quelques observations sur l'armement que je méditais. J'ai fait signifier au cabinet anglais que, si l'on me contrariait, j'enverrais à Toussaint son brevet d'indépendance, et le reconnaitrais chef suprême de l'île. On ne m'a plus fait d'objections.* Ce qui amena de la part du colonel l'observation que sans doute les Anglais ne contrarieraient pas une expédition dans les eaux de laquelle ils seraient peu de jours après sa mise en mer.

L'on ne saurait lire aussi sans étonnement, à la fin de la première note, que les généraux Dessalines, Christophe et Clervaux étaient plus exagérés et plus désaffectionnés que Toussaint. Le premier consul savait bien le contraire. Clervaux, homme de couleur, d'un caractère doux et honnête, n'aimait pas Toussaint. Il avait son fils en France, où il était élevé aux frais du gouvernement, dont il était l'ami. Christophe, homme d'une grande probité, d'un excellent jugement, passait sa vie avec les blancs, qu'il aimait; il sauva les jours d'un grand nombre d'entre eux lors de l'insurrection de Moyse à la fin de 1801. Il salua le retour des propriétaires au moment de l'apparition de la flotte française; mais il voulait avant tout la liberté de ses frères, et qu'on le reconnût dans son poste; ce que les dispositions et premières opérations de la flotte ne lui permettaient nullement de croire vraisemblable.

NOTE II<sup>e</sup> ( vol. 2, chap. 11 ).

Les liaisons du colonel Vincent avec les
noirs, et la grande confiance qu'avait en lui
Toussaint-L'Ouverture l'avaient rendu depuis
long-temps suspect à l'administration, qui cependant employait cet officier pour influer et
convaincre, autant que possible, les noirs de
ses bonnes dispositions à leur égard.

Le colonel Vincent n'a jamais récusé la
qualification d'ami des noirs; il avait appris à
les bien juger dans ses longs et pénibles travaux, et toujours il avait reconnu en eux des
êtres excellemment bons et du meilleur natu-
rel. Mais il est de toute vérité qu'il n'a jamais
recherché que les deux noirs Toussaint et
Christophe, parce qu'ils pouvaient tout pour
la France. Son attachement pour eux n'était
point d'ailleurs exclusif. Il faisait aussi très-
grand cas d'une foule d'hommes de couleur,
notamment des généraux Bonnet, Prevot; des
colonels-ingénieurs Lacroix; Rigaud, des ri-
ches propriétaires Morel, Duvris; de l'honnête
notaire Rouanner, avec lesquels il correspond
encore aujourd'hui.

L'on se serait donc permis une imputation
calomnieuse, à laquelle le premier consul n'a
pu qu'être étranger, si, en parlant des liaisons
du colonel avec les noirs, on avait voulu insi-
nuer qu'il leur donnait la préférence sur les
autres couleurs dans ses liaisons habituelles.
Le colonel Vincent était, si l'on veut, philan-
thrope, et déplorait vivement le sort cruel des
hommes rouges et noirs; mais le seul mérite,
sans distinction d'épiderme, déterminait ses
affections. Or, les seuls hommes parmi les
noirs qui lui paraissent mériter sous ce rapport une distinction réelle étaient les deux
chefs, dont il avait sans doute gagné l'estime,
mais non toute la confiance. Le premier consul le savait très-bien, puisqu'il était sûrement informé que Toussaint avait déjà ren-
voyé deux fois le colonel de Saint-Domingue,
qu'il l'avait fait horriblement maltraiter lorsqu'il apporta des ordres consulaires, et qu'au
moment de son dernier départ de la colonie,
il avait poussé l'emportement jusqu'à faire
sortir des embarcations légères pour le rame-
ner au Cap, d'où Christophe l'avait fait sortir
précipitamment. Ce ne fut donc point comme
investi de sa confiance que Toussaint fit partir le colonel, mais parce qu'il désirait ren-
voyer au premier consul *le chargé d'affaires
du consul*, que celui-ci avait rendu porteur

Mais lorsqu'il se présenta porteur de la déclaration de l'indépendance des noirs, et qu'il parut vouloir la justifier, il inspira un sentiment de dégoût, que l'on dissimula pour ne pas donner l'éveil à Toussaint, et pour recueillir les renseignemens précieux que ce colonel avait sur la position militaire des noirs, et sur les fortifications qu'ils avaient élevées dans les mornes. Cela fait, on lui ordonna de se tenir désormais étranger aux affaires de Saint-Domingue : il fut remis à la disposition du ministre de la guerre pour être employé dans son grade. Il désira être dans un pays chaud, et il obtint la direction des fortifications de Toscane. Il a depuis assisté plusieurs années de suite au conseil des travaux du mois de janvier, qui se tenait en présence de l'empereur. Comme directeur des fortifications, il y a fait adopter ses plans pour les châteaux des présides de Florence, de Livourne, de Porto-Ferrajo. Il se plaisait à Florence, où il maria une de ses filles. Tout cela ne devait pas donner lieu à des *assertions de libelles qui déshonorent un ouvrage historique.* Le premier consul n'a pas pu faire part de ses projets sur Saint-Domingue, qui devaient rester secrets, et pouvaient être exécutés quelques mois après, à une personne qui était l'agent de Toussaint, et dont les machinations secrètes n'étaient plus un mystère. Il n'a pas pu non plus lui communiquer ses négociations avec la cour de Londres, et cela pour l'expédition de Saint-Domingue, par une notion préparatoire, puisqu'il n'y a eu ni notes, ni pourparlers, ni négociations avec l'Angleterre pour l'expédition de Saint-Domingue.



de la fallacieuse proclamation du 25 décembre. Pour achever de se convaincre que le colonel était à l'abri de tout soupçon, il suffira de jeter les yeux sur le rapport qu'il remit au chef du gouvernement en arrivant en France.

Le colonel ne s'est point présenté au consul avec la constitution; il ne pouvait plus rester dans la colonie après la publication de cet acte odieux pour lui (*). Il sollicitait son départ, qui lui eût été refusé, s'il ne s'était chargé de vingt paquets, parmi lesquels se trouvait l'acte constitutionnel. Il est surtout inouï qu'on ait pu écrire qu'il cherchait à justifier l'indépendance, lui qui s'était courageusement élevé, dans la colonie même, contre tout ce qui en avait l'apparence. Personne ne l'a fait aussi ouvertement que lui. On peut consulter à cet égard deux de ses lettres à Toussaint, trouvées dans les papiers de ce chef au Port-au-Prince lors de l'entrée des troupes françaises, et l'extrait de son rapport ci-dessus, rappelé au premier consul.

Toussaint lui-même ne croyait pas à son indépendance, et l'on en donne pour preuve que, le colonel lui ayant demandé ce que pourrait faire le gouvernement à la vue de son acte constitutionnel, le chef des noirs répondit *qu'on lui enverrait des commissaires pour causer avec lui;* ce qu'a refusé le premier consul.

Il semble enfin que le consul a aussi dû apprécier le colonel d'après sa position, qui lui présentait un très-riche propriétaire de Saint-Domingue et un des plus anciens officiers supérieurs de l'armée, qu'on ne pouvait soupçonner, sous ce double titre, d'être le partisan d'un ordre de choses qui anéantissait sa fortune, et l'aurait signalé aux yeux de tous comme ennemi des intérêts de sa patrie. Quant au dégoût qu'il inspirait, il lui eût été difficile de s'en apercevoir, car il était chaque jour reçu chez le ministre de la marine, qui lui offrait ses voitures pour la Malmaison, le faisait manger chez lui, et le pres-

(*) Il avait dit hautement que le vrai crime de Toussaint était sa constitution.

sait de retourner à Saint-Domingue. Il était
également bien vu du général en chef Leclerc
et de beaucoup de fonctionnaires publics, qui
lui faisaient l'accueil le plus distingué. Comment croire enfin que si, dans aucun temps, sa
conduite eût inspiré *du dégoût*, l'empereur
l'eût accueilli ainsi qu'il le faisait à *l'île d'Elbe,*
où il déjeunait habituellement tête à tête avec
lui.

Il ne fut surtout jamais averti de ne plus se
mêler des affaires de Saint-Domingue; aussi
ne cessa-t-il de s'en occuper qu'au moment
où les premières nouvelles de l'armée expédi-
tionnaire le décidèrent à se rendre à l'île d'Elbe,
et c'est ici que la publication de la deuxième
note contient des détails d'une inexactitude
révoltante.

Le colonel ne demanda point, en revenant
de Saint-Domingue, les pays chauds, et ne
fut point envoyé en Toscane, ainsi que l'avan-
cent faussement les rédacteurs. Les faits à
cet égard ont d'autant plus besoin d'être réta-
blis, que la fin de la note semble avoir eu pour
objet de laisser planer quelques soupçons d'in-
gratitude sur son caractère. Un exposé succinct
et véridique du traitement éprouvé par le colonel prouvera suffisamment que le premier
consul fut loin de le mettre dans le cas d'être
ingrat envers lui.

Le colonel, nommé directeur-général des
fortifications des Iles-Sous-le-Vent au commencement de 1796, avait constamment servi en
cette qualité pendant six ans. Il fut porté
en 1801, à son retour de Saint-Domingue,
directeur à la Rochelle. Cette nomination
ne fut point approuvée par le premier consul,
qui l'envoya à l'île d'Elbe comme directeur
provisoire. Son rang de titulaire lui fut donc
ôté; mais il ne put être à cette époque envoyé
en Toscane, ce pays n'ayant été réuni à la
France que six ans après.

Le colonel n'avait touché que 3,000 francs
à Saint-Domingue pendant la cruelle mission
de dix-huit mois que lui avait donnée le premier consul. Le paiement de l'arriéré lui fut
constamment refusé.

Tels sont à peu près les droits de Napoléon
à la reconnaissance particulière du colonel.

## RÉFUTATION.

Les événemens de Saint-Domingue ayant malheureusement trop confirmé les rapports du colonel, il put rentrer en France, et fut envoyé à Bayonne, toujours avec le titre de directeur-provisoire. Il quitta ce poste en 1807, pour aller commander son arme dans le corps destiné à l'occupation du Portugal. Lisbonne le vit le premier des Français entrer le 1er décembre, à six heures du matin, dans son immense enceinte, où il mérita le surnom de Socrate en uniforme.

Jeté par les Anglais et les tempêtes dans le nord de la Bretagne en novembre 1808, il eut ordre de rentrer sur-le-champ en Espagne, et se trouva avec l'empereur à Madrid dans les derniers jours de décembre 1808, où sa fatale étoile le mit encore dans la nécessité de combattre avec beaucoup d'énergie le projet impraticable de revenir sur Lisbonne.

Il sortit bientôt de Madrid, marchant avec l'avant-garde sur les Galices. Mais le froid excessif qu'il éprouva au passage glacé du Guadarama, le manque absolu de tout secours à la suite de quinze mois de services des plus pénibles, et sans la moindre augmentation de traitement, le mirent hors d'état de pousser plus loin qu'Astorga. Il rentra en France, et ce n'est qu'en 1810, neuf ans après son retour de Saint-Domingue, qu'il a de lui-même exprimé le désir de se rendre en Toscane et à l'Ile d'Elbe. Il a vu en 1814 arriver Napoléon sur cette terre d'exil ; et, malgré de justes motifs de ressentiment, il croit avoir prodigué à ce souverain déchu tous les égards dus au malheur. Et telle a été sa conduite à cette époque, que le ministre duc de Feltre, en refusant du service au colonel, lui a reproché d'avoir *cajolé Napoléon à l'Ile d'Elbe.*

S'il est difficile d'expliquer comment les rédacteurs de la seconde note ont pu errer à ce point sur des époques et des faits qui coûtaient si peu à vérifier, il l'est encore plus de comprendre ce qu'ils ont voulu faire entendre par cette vague et odieuse accusation *d'assertions de libelles qui déshonorent l'histoire,* accusation qu'aucune citation ne justifie.

Le colonel n'a jamais dit ni fait dire à personne qu'il connût les projets du premier consul sur Saint-Domingue. Il savait que ce chef voulait faire la guerre, puisqu'il lui avait dit *qu'il ne laisserait pas une épaulette de lieutenant-colonel sur l'épaule d'un noir.* Le colonel a combattu de toutes ses forces cette volonté ; il l'a fait sans ménagement et sans mystère. Toutefois il n'a jamais songé à rendre public par la voie de l'impression ce qui a pu échapper au premier consul lors des débats sur cette importante affaire. Mais ce que d'autres ont publié d'après lui est de toute exactitude, et l'on sera sans doute très-disposé à le croire, si l'on se rappelle ce passage du 4ᵉ volume du *Mémorial de Sainte-Hélène*, p. 352, où l'empereur dit positivement *que les libelles les plus infâmes ne lui faisaient rien, mais que, sitôt que l'on approchait un peu de la vérité, il n'en était plus de même. Je sentais,* dit-il, *le besoin de me défendre, j'accumulais les raisons pour me justifier, et encore n'était-ce jamais sans qu'il restât quelque trace d'une peine secrète.* Certes il fallait bien qu'*il crût avoir à se justifier* et qu'*il éprouvât quelque peine secrète,* s'il a réellement écrit les minutieux détails qu'on lui attribue, et qu'ont à l'avance réfuté ces mots, prononcés par lui-même en présence des commissaires des puissances alliées à bord de la frégate qui l'amena le 3 mai 1814 dans la rade de Porto-Ferrajo.

« *Le colonel Vincent est l'homme qui a le mieux jugé les événemens. J'ai fait de grosses sottises pour ne l'avoir pas écouté, et je ne serais pas ici, si je l'avais bien connu.*

Ce témoignage authentique et solennel de la justice rendue par l'empereur aux opinions émises par le colonel sur Saint-Domingue, et sur tant d'entreprises au-dessus des facultés humaines, n'a pu être ignoré des rédacteurs, et semblait devoir prémunir contre d'indécentes attaques un des plus anciens officiers supérieur de l'armée, à qui les événemens politiques, au milieu desquels il a été appelé à jouer un rôle, n'ont guère laissé d'autre fortune que son honneur. Mais de nos jours le besoin de faire un livre, et sans doute de le bien vendre, l'emporte sur toute autre considération. Et puis n'offre-t-on pas un puissant remède contre les blessures qu'on fait avec tant de légèreté aux caractères les plus respectables? Ne leur est-il pas loisible de faire insérer dans l'ouvrage même de leurs adversaires inattendus la justification à laquelle on les contraint de s'abaisser!!!!!

Le colonel Vincent ne profitera point de cette offre obligeante, qui, si l'on en croit le public, n'est peut-être qu'une spéculation de plus. Il se trouve d'ailleurs presque dédommagé des soucis que lui ont momentanément causés de mensongères assertions en lisant, p. 208 du 4e volume du *Mémorial de Sainte-Héline*, cette dernière réflexion de l'empereur au sujet de Saint-Domingue.

*Le système colonial que nous avons vu est fini pour nous; il l'est pour tout le continent de l'Europe. Nous devons y renoncer, et nous rabattre désormais sur la libre navigation des mers et l'entière liberté d'un échange universel.*

C'est cette grande vérité qui a constamment et uniquement occupé le colonel; et tous ses mémoires remis depuis vingt-cinq ans ont toujours eu pour but de la faire reconnaître non-seulement comme d'un intérêt national pour la France, mais même comme d'un intérêt universel.

www.ingramcontent.com/pod-product-compliance
Lightning Source LLC
LaVergne TN
LVHW051137060726
842526LV00006B/2097